au temps des pharaons

collection en savoir plus

pascal vernus

hachette 79 Boulevard Saint Germain, 75006 Paris

I.S.B.N. 2.01.004599.8

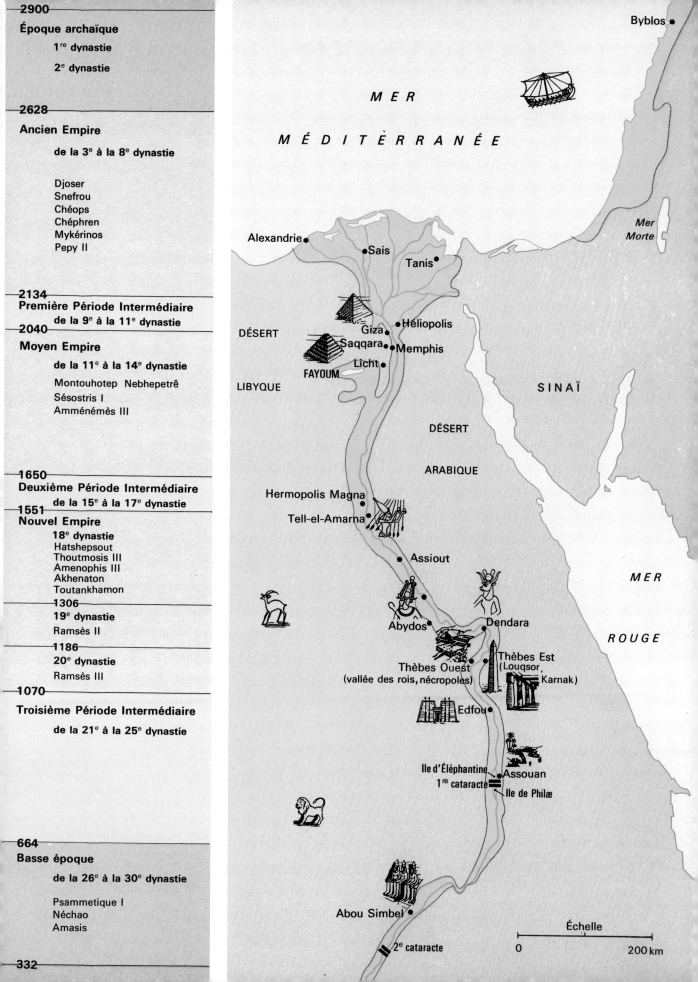

2900

Époque archaïque

1re dynastie

2e dynastie

2628

Ancien Empire

de la 3e à la 8e dynastie

Djoser
Snefrou
Chéops
Chéphren
Mykérinos
Pepy II

2134

Première Période Intermédiaire
de la 9e à la 11e dynastie

2040

Moyen Empire

de la 11e à la 14e dynastie

Montouhotep Nebhepetrê
Sésostris I
Amménémès III

1650

Deuxième Période Intermédiaire
de la 15e à la 17e dynastie

1551

Nouvel Empire

18e dynastie
Hatshepsout
Thoutmosis III
Amenophis III
Akhenaton
Toutankhamon

1306

19e dynastie
Ramsès II

1186

20e dynastie
Ramsès III

1070

Troisième Période Intermédiaire

de la 21e à la 25e dynastie

664

Basse époque

de la 26e à la 30e dynastie

Psammetique I
Néchao
Amasis

332

Byblos

MER MÉDITÈRRANÉE

Mer Morte

Alexandrie
Sais
Tanis

DÉSERT

Giza
Héliopolis
Saqqara
Memphis
Licht
FAYOUM

LIBYQUE

SINAÏ

DÉSERT

ARABIQUE

Hermopolis Magna
Tell-el-Amarna

Assiout

Abydos
Dendara

MER

Thèbes Ouest
(vallée des rois, nécropoles)

Thèbes Est
(Louqsor,
Karnak)

ROUGE

Edfou

Ile d'Éléphantine
Assouan
1re cataracte
Ile de Philæ

Abou Simbel

Échelle

0   200 km

2e cataracte

à la découverte de l'Égypte

un curieux pays

Les « deux pays »

L'Égypte est un des plus vieux États du monde : elle existe, à peu près dans les mêmes frontières, depuis plus de 5 000 ans.

Dans ce pays tout en longueur, on distingue, comme le faisaient déjà les anciens Égyptiens, une vallée, la Haute-Égypte, et une plaine alluviale, la Basse-Égypte, à travers laquelle le Nil se divise en plusieurs bras.

La Haute-Égypte elle-même se compose de deux parties : d'Assouan, où le Nil franchit un amoncellement de rochers appelé « cataracte », jusqu'à Assiout, la vallée se faufile entre deux falaises qui marquent, à l'est le début du désert arabique, à l'ouest, celui du désert libyque. Puis, d'Assiout à Memphis, la vallée s'élargit ; un bras du Nil se détache alors du cours principal à l'ouest de celui-ci, puis coule parallèlement à lui avant de se jeter dans un lac d'eau salée, le Fayoum. A partir de Memphis, le Nil se ramifie en plusieurs bras qui se jettent tous dans la Méditerranée, en formant un « delta » (ce nom vient d'une lettre grecque en forme de triangle). Le littoral se double d'une succession de lacs marécageux. Ce delta et les zones qui le bordent à l'ouest et à l'est constituent la Basse-Égypte.

Aujourd'hui encore...

Mis à part le lit du Nil qui s'est beaucoup déplacé, le paysage est resté à peu près le même depuis l'époque pharaonique.

En Haute-Égypte, le fleuve est toujours là, bordé d'une bande de terre cultivable, puis d'une zone désertique qui vient buter sur le ressaut d'une falaise, le « gebel ». La Basse-Égypte est une vaste plaine que sillonnent les bras du Nil. Lorsque l'inondation la submergeait toute entière, chaque année de juillet à décembre, les villages seuls restaient au-dessus du niveau des eaux. Un changement décisif est toutefois survenu ; la crue annuelle du Nil ne se fait plus sentir depuis la construction du haut barrage d'Assouan, en service depuis 1960. En outre, un aspect important du paysage a disparu : les marais où croissaient jadis, en fourrés épais, les papyrus, et où pullulaient les crocodiles et les hippopotames.

$$\frac{|2}{1|3}\ \text{images}$$

1 Union des deux pays

Seth, à gauche, à tête d'animal fabuleux, et Horus, à droite, à tête de faucon, nouent la plante de la Haute-Égypte (le jonc) et celle de Basse-Égypte (le papyrus) autour du hiéroglyphe signifiant « union » (cf. p. 60).

2 Le gebel et les terres cultivées

La vue est prise sur la rive ouest de Thèbes, en face de Karnak. Au premier plan, les hauteurs désertiques traversées par le lit d'un ancien torrent (ouâdy). Elles s'abaissent brusquement pour constituer la frange étroite et inculte de la vallée ; là furent édifiés tombes et temples funéraires. A cette frange succède la partie cultivée ; on peut constater combien la démarcation entre les deux est nette et quasi-rectiligne.

3 Rive est du Nil en Moyenne-Égypte

Alors qu'à l'ouest la vallée s'étend sur plus de 30 km de large, à l'est, le fleuve passe presque au pied du gebel. C'est le cas ici : entre le Nil et la partie désertique, sur laquelle est bâti un monastère moderne, il n'y a place que pour une mince bande de terre cultivable.

à la découverte de l'Égypte

mystérieux hiéroglyphes

Le système hiéroglyphique est la combinaison de ces trois catégories de signes. On se reportera à l'illustration pour un exemple du fonctionnement de ce système ; la phrase expliquée figure dans les tombeaux ; elle met en garde celui qui voudrait y causer quelque dommage : « Quant à tous les hommes qui feront quelque chose de mauvais, je saisirai leur cou comme (celui d') un oiseau. »

Des petits dessins qui racontent une grande histoire

Considérons une inscription hiéroglyphique : qu'y voyons-nous ? Un fourmillement de dessins représentant des êtres humains, des animaux et des objets.

La connaissance de l'écriture hiéroglyphique se perd à la fin de l'Antiquité. Par la suite, beaucoup tentèrent de la retrouver. Ce n'est qu'au début du XIXe siècle que Champollion réussit à la déchiffrer, grâce à sa connaissance du copte , langue que les chrétiens d'Égypte utilisent dans leurs cérémonies religieuses et qui dérive de l'égyptien ancien ; grâce aussi à une pierre trouvée à Rosette, où un même texte était écrit en égyptien et en grec ; grâce enfin à son génie !

● L'index, page 62, explique un certain nombre de mots du vocabulaire relatif à l'Égypte ancienne.

Le mystère des hiéroglyphes, c'est que ces dessins constituent une véritable écriture.

Ce n'est pas une écriture alphabétique comme la nôtre, où une lettre symbolise un son, mais un système compliqué dans lequel on trouve plusieurs sortes de signes. Certains signes signifient exactement ce qu'ils représentent, ainsi un oiseau veut dire « oiseau » ; on les appelle « idéogrammes ». D'autres signes sont utilisés pour la valeur phonétique de ce qu'ils représentent, selon le principe des rébus (par exemple, en français, le dessin d'un tas pour écrire la syllabe ta). Ces signes, appelés « phonogrammes », valent pour une, deux, ou trois consonnes, l'égyptien n'écrivant jamais les voyelles ; ainsi le signe représentant une montagne, en égyptien DJeW, vaut pour le groupe DJ + W. Enfin, les signes appelés « déterminatifs », ne se prononcent pas, mais indiquent dans quelle catégorie se range le mot à la fin duquel ils sont placés ; ainsi, le papyrus scellé détermine les mots abstraits.

images

1 Inscription hiéroglyphique

L'inscription donne les titres du gouverneur d'Éléphantine, Noubkaourê-nekht et le place sous la protection des divinités de la région.

2 Ostracon hiératique

Un ostracon est un éclat de calcaire ou un tesson de poterie utilisé comme support d'écriture pour les brouillons ou les documents qu'il n'est pas nécessaire de conserver. En raison de son coût, le papyrus est réservé aux ouvrages précieux ou définitifs.
Le hiératique est une manière rapide et simplifiée d'écrire les hiéroglyphes, un peu comme notre écriture courante par rapport aux caractères d'imprimerie.

Deux phonogrammes, le roseau = **J**, la bouche = **R** pour écrire **JeR**, « quant à ».

R + **TCH** (entrave), première et dernière consonne du mot **ReMeTCH**, « hommes »; l'homme et la femme assis forment l'idéogramme de ce mot; les trois traits constituent un déterminatif indiquant qu'il s'agit d'un groupe.

Phonogramme **N** + **B** (corbeille) pour écrire **NeB**, « tous ».

Phonogrammes : l'œil = **J** + **R**, le pain semi-circulaire = **T**, le fil = **S**, l'eau = **N**, pour écrire le participe futur **JeR.T.SeN**, « qui feront ».

Deux phonogrammes **KH** (le crible) + **T** pour écrire **KHeT**, « quelque chose »; le papyrus scellé détermine les mots abstraits.

Phonogramme : la montagne, **DJ** + **W** pour écrire **DJeW**, « mauvais ».

Phonogrammes : **J** + **W** (le poussin) + **R**, pour écrire **JeW.eR**, marque de la première personne du futur.

Phonogrammes : **J** + **TCH** et **T** pour écrire **JeTCHeT**, « saisir ».

Nœud = phonogramme pour **TCH** + **S**, suivi du cou d'un oiseau, idéogramme pour **TCHeS**, « cou ».

Deux phonogrammes **S** et **N**, écrivant **SeN**, adjectif possessif « leur ».

Jarre à lait, phonogramme **M** + **J**, écrivant **MeJ**, « comme ».

Oiseau, idéogramme pour ´**aPeD**, « oiseau ».

à la découverte de l'Égypte

Disproportion

Observons cette scène d'un mastaba d'un vizir nommé Akhethotep et le représentant au côté de son fils aîné. Le visage est dessiné de profil, mais l'œil de face ! Les épaules, elles aussi, sont vues de face, mais le reste du corps, bassin et jambes, est de nouveau dessiné de profil, sauf le nombril qui est de face. Voilà les conventions les plus connues de l'art égyptien. La première fois elles déroutent, ensuite on n'y prête guère attention.

Reprenons plus attentivement notre observation ; d'autres particularités apparaissent : Akhethotep a deux pieds gauches et son fils deux mains gauches. Mais surtout, la disproportion entre les deux personnages frappe : la taille du père est environ trois fois et demi celle du fils, ce qui ne correspond évidemment pas à la réalité. En effet, dans le dessin égyptien, les proportions des personnages dépendent moins de leurs dimensions réelles que de leur rapport hiérarchique. Ainsi, les dieux, le Pharaon, ou encore un dignitaire sur les parois de son monument, sont-ils représentés beaucoup plus grands que les autres hommes.

des représentations déroutantes

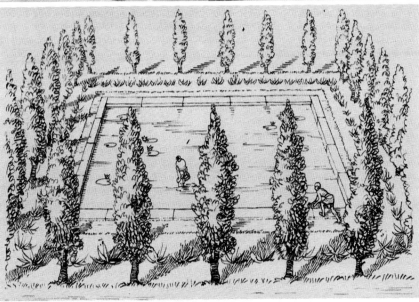

Pas de perspective

Forts de cette première prise de contact, entrons plus avant dans l'examen des conventions graphiques. Voici une scène peinte sur la paroi d'une tombe, et représentant deux serviteurs puisant dans un bassin. Remarquons :

● La stylisation : l'ondulation de l'eau est symbolisée par des lignes brisées; les arbres réduits à un schéma.

● Les proportions dépendent des centres d'intérêt de ce qui est représenté, et non de la taille réelle. Les serviteurs sont figurés à une bien plus grande échelle que le bassin ou les arbres, qui leur arrivent au-dessus du genoux! Si on avait respecté les proportions réelles, ou bien les serviteurs eussent été minuscules et comme perdus dans l'ensemble, ou bien la représentation eût occupé une paroi entière.

● L'absence de perspective. Le bassin, horizontal, est dessiné comme s'il était dressé verticalement sur un de ses côtés. Inversement, les arbres, verticaux, sont représentés comme s'ils étaient couchés sur le sol. Et surtout, ils ont tous la même taille alors qu'ils figurent aussi bien au premier plan qu'au dernier. Dans le dessin égyptien, des objets identiques ont toujours les mêmes dimensions, quel que soit leur éloignement relatif par rapport à l'observateur. Voilà quelques-unes des conventions graphiques de l'art pictural pharaonique.

les Égyptiens en famille

probable qu'elle choisissait librement son époux, ou, à tout le moins, qu'elle avait son mot à dire. Ses goûts paraissent bien modernes, à en juger par cette prière d'une jeune fille à la déesse Hathor : « Fais-moi cadeau d'un dignitaire, très puissant dans sa ville, de belle apparence, possesseur de richesses, au poste important; fais-moi la faveur d'être aimée de lui. » Une fois mariée, la femme s'adresse de nouveau aux dieux pour avoir des enfants, car les Égyptiens aimaient s'entourer d'une nombreuse progéniture, tout homme souhaitant particulièrement un fils qui puisse lui succéder.

Une famille semblable à la nôtre

Avant tout, débarrassons-nous d'idées reçues. Certes, le Pharaon (le roi des Égyptiens) possède plusieurs épouses, mais, s'il lui arrive de se marier à sa sœur, il n'est pas prouvé qu'il se marie à sa fille. Quant à ses sujets, ils n'ont, le plus souvent, qu'une seule femme et ne pratiquent guère le mariage entre parents plus proches que cousin et cousine.

En fait, la famille de l'Égypte pharaonique ressemble beaucoup à nos familles européennes. Elle se compose du mari et de sa femme, auxquels s'ajoutent les enfants, éventuellement les frères et sœurs célibataires.

Plus encore, la femme bénéficie de droits surprenants dans les sociétés du Proche-Orient. Juridiquement l'égale du mari, elle porte le titre de « maîtresse de maison » (se marier se dit en égyptien « fonder une maison »). La loi la protège assez bien en cas de divorce. Il est

Des noms évocateurs

C'est dire que le nouveau-né est choyé. Le premier soin des parents est de lui donner un nom. Comme il n'y a pas de nom de famille, on se fie à l'inspiration du moment. Souvent on choisit un nom évoquant une divinité : ainsi, Amenhotep signifie « Amon est satisfait », Ramsès, « c'est Rê qui lui a donné naissance ». Parfois le nom ne manque pas de pittoresque : Taqereret, « la grenouille »; Tchefenet, « la cruche »; Seshen, « le lotus », nom qui à travers les âges et les civilisations a abouti au prénom Suzanne. Sa mère porte le nouveau-né dans un sac suspendu à son cou, et l'élève patiemment. Ensuite, pourvu que la famille soit riche, s'il s'agit d'un garçon, il ira à l'école, souffrir, avec d'autres garnements, sur les hiéroglyphes. La fille apprendra à tenir une maison auprès de sa mère, et déambulera, toute parée, dans son jardin, attendant qu'un jeune homme la remarque.

$\frac{1}{2}$ images

1 Parents et enfants

Ipouy et son épouse, assis à gauche, reçoivent l'hommage de leur fils et de leur fille. Le fils présente une jarre d'eau, décorée de motifs peints et bouchée par un bouquet de plantes. La fille apporte, outre une jarre semblable, un bouquet, une guirlande, et un diadème déroulé, pareil à celui qui ceint sa propre tête et celle de ses parents.

2 Singe et nain

Les Égyptiens s'entouraient d'êtres familiers. Outre le chat, ils appréciaient les chiens, les singes, et les nains!

les Égyptiens

à la maison

Villes et villages

L'Égypte ancienne est un pays de civilisation rurale, mais aussi de civilisation urbaine. Les villes, assez nombreuses, sont construites à proximité du Nil, d'un de ses bras, ou d'un canal. Leur enceinte, parfois fortifiée, enferme les temples (en pierres), les bâtiments administratifs et les habitations, construites en briques crues. La nécropole est située hors des murs, dans le gebel, quand c'est possible. Les villes de création artificielle, par exemple une capitale nouvelle fondée en un lieu jusqu'alors inhabité, révèlent un certain souci d'urbanisme : division géométrique en différents quartiers, grâce à des rues rectilignes et pourvues d'une rigole d'évacuation des eaux sales, répartition calculée des points d'eau, maisons construites selon les mêmes plans.

En revanche, les agglomérations spontanées, c'est-à-dire celles dont la fondation n'est pas due à un plan délibéré, se développent n'importe comment, au point qu'on devait raser périodiquement les constructions profanes qui s'immisçaient dans l'enceinte même des temples. Quand l'espace aménageable est limité, on construit sans cesse sur les ruines de l'époque précédente : ainsi Saïs, l'actuelle Sa-el-Hagar, demeure sur le même site depuis 5 000 ans!

La fraîcheur du foyer

Bien entendu, la maison varie suivant les classes sociales. Celle des gens du peuple, très rudimentaire, occupe jusqu'à cinquante fois moins d'espace que la demeure d'un notable. Celle-ci (voir pp. 14-15) comporte un ou deux étages; elle s'ouvre sur une véranda à colonnes précédant la salle de réception; les appartements privés se trouvent au fond et aux étages; la cuisine et les garde-manger sont installés dans le sous-sol et dans des dépendances annexes. La demeure est entourée d'un jardin clos par un mur, et planté d'arbres, de plantes, de vignes en treille; un bassin artificiel, près duquel se dresse parfois un petit kiosque, l'agrémente. Là, une exquise fraîcheur incite à la détente. Le mobilier est simple; il se compose du lit, avec un chevet en guise d'oreiller. Les sièges offrent une grande variété : pliant, tabouret, chaise, fauteuil à accoudoirs. Pas de table commune, mais de petites sellettes individuelles; pas d'armoires mais des coffres. Lampes à huile et brasero assurent un confort rudimentaire. Mais en Égypte, où le soleil brille tout le temps, a-t-on envie de se terrer au fond du logis?

La ville construite par le pharaon Akhenaton sur le site actuel de Tell el Amarna s'étendait sur 7 km de long et plus d'1 km de large. Le palais du roi et le grand temple se trouvaient au centre, tandis que les habitations étaient réparties de part et d'autre. Les maisons des notables se dressaient à l'intérieur d'une enceinte de briques ne mesurant pas moins de 70 m sur 75 m.

	1		
2	3	4	images

1 Village de Deir-el-Médina

Là vivaient les artisans qui décoraient les tombes de la Vallée des rois. Le village, clos par une enceinte, était divisé dans le sens de la longueur par une rue faisant un coude très marqué au milieu. Il y avait environ 68 habitations, toutes mitoyennes, et guère plus longues que 5 ou 6 m; elles n'avaient qu'une seule ouverture, donnant sur la rue. Les murs, en briques crues, ont disparu; il ne reste que les fondations en pierre.

2 Lampe à huile

C'est une simple écuelle de terre cuite dans laquelle on place une mèche de tissu, baignant dans l'huile. La lampe est allumée à l'aide d'un charbon ardent, puis posée sur un support élevé, afin qu'on profite au mieux de la lumière qu'elle diffuse. Bien sûr, il faut beaucoup de lampes pour que l'éclairage soit suffisant, et une huile dont la combustion ne dégage pas une fumée trop épaisse.

3 Coffre

Ce coffre cylindrique en bois est décoré d'un damier. On y rangeait sans doute des vêtements.

4 Chaise

Le dossier est décoré d'incrustations en ivoire, en particulier deux fleurs de lotus. Les pieds ont la forme de pattes de lion reposant sur des cales cylindriques.

les Égyptiens

à table

De solides appétits

Les bas-reliefs et les peintures murales présentent des amoncellements de victuailles, de gigantesques boucheries où sont dépecés des bœufs bien gras, d'interminables menus proposés au bienheureux défunt. Pourtant, par ailleurs, les textes crient la famine durant les années de mauvaise crue, et « donner du pain à l'affamé » est l'obligation morale la plus souvent citée. C'est dire que le goût pour la bonne chère ne doit pas faire oublier que la malnutrition a frappé aussi l'Égypte ancienne.

● Un conte rapporte qu'un bourgeois, nommé Djédi, consommait encore, à 110 ans, cinq cents pains, une moitié de bœuf, et cent cruches de bière. Mais le bonhomme était un personnage d'exception. En fait, dix pains et deux jarres de bière par jour constituent déjà une ration convenable. Si on n'en peut venir totalement à bout, on échange l'excédent contre d'autres denrées.

La base de la nourriture

Le pain et la bière sont la base de la nourriture. De fait, boulangeries et brasseries sont étroitement associées; dans le fournil chauffent des moules de formes variées, remplis de pâte. Voilà les pains pour la consommation, mais aussi ceux qui, à peine cuits, seront mis à fermenter dans de l'eau parfumée de dattes, pour obtenir la bière. L'ordinaire est amélioré grâce aux légumes et aux fruits, aux pâtisseries, au miel. Les poissons et les volailles forment la partie substantielle du repas. Quant à la viande de boucherie, sa consommation n'est pas régulière; car comment, dans un pays chaud, en assurer l'approvisionnement quotidien? Aussi la réserve-t-on pour les fêtes, à l'occasion desquelles on abat des bœufs, dont la cuisse est particulièrement appréciée. Sinon, on se rabat sur la viande séchée. Le vin égaye les bons repas et les bons moments de la vie en général. Certains dévots se groupaient en association pour boire à la santé de leur divinité préférée. Un pharaon, nommé Amasis, a marqué davantage son règne par ses beuveries que par ses succès militaires!

Les repas

On fait sans doute trois repas par jour. On mange assis sur un siège; ni couteau ni fourchette; on pioche dans les mets entassés sur une sellette, et on se remplit la panse. Même le roi tient à la main la volaille qu'il dévore.

Heureusement, une aiguière est là pour les ablutions! Lors des grandes réceptions, des servantes nues couvrent de fleurs les invités et leur posent sur la tête des cônes de pommade parfumée, qui fondent bientôt à la chaleur ambiante, dans un ruissellement jugé délicieux. La chère abonde et nul n'hésite à s'en gaver. Il aurait tort, au demeurant; une mignonne soubrette veille, prête à recueillir dans un bassinet l'excédent de celui ou de celle qui aurait eu les yeux plus gros que le ventre!

$$\frac{1}{\frac{2}{3}}$$ **images**

1 Une réception

On range les hommes et les femmes de part et d'autre. Les élégantes s'asseoient sur des chaises luxueuses. Aussitôt, de jeunes servantes s'empressent autour d'elles, leur plaçant sur la tête des cônes de pommade parfumée puisée dans une large coupe (à gauche), ou leur servant du vin (à droite). Sous un siège un bassinet pour l'invitée malade.

2 Serviteur pétrissant la pâte

3 Boucherie

Les animaux viennent d'être tués. Les bouchers s'affairent au dépeçage en prélevant, tout d'abord, le morceau de choix : la patte antérieure. À l'extrême gauche, un aide porte un vase à bec pour recueillir le sang. Au milieu, un boucher aiguise son couteau sur un fusil attaché à sa ceinture.

les Égyptiens

la mode

Vêtus de lin blanc...

Il fait bien chaud en Égypte. Aussi bien ne porte-t-on pas de lourds vêtements. Le pagne est le principal habit masculin; on connaît le pagne lisse, plissé, croisé devant, les extrémités passées dans la ceinture, ou encore à devanteau triangulaire, le pagne bouffant, le pagne double, le pagne long qui descend sous les genoux comme une jupe...
A l'occasion l'homme revêt un habit plus élaboré, par exemple, un ample manteau couvrant les épaules et ramené en avant sur la poitrine.
Les femmes portent une robe très collante, descendant jusqu'aux chevilles et s'arrêtant à la poitrine, et que maintiennent une ou deux bretelles. Au Nouvel Empire, elles préfèrent une robe très ample et plissée, pourvue de manches, sur laquelle elles jettent un court manteau qui couvre les épaules. Masculin ou féminin, le vêtement est tissé en lin blanc, si fin qu'il en est presque transparent.

Déjà des perruques!

On n'apprécie guère cheveux et barbes hirsutes. Les hommes se rasent, quitte à arborer, quand il faut être « chic », une courte barbe postiche. Celle du roi est vénérée comme un objet sacré et un dignitaire est spécialisé dans son entretien. Les cheveux aussi sont coupés courts. Les gens du peuple se recouvrent la tête d'une calotte qui l'enserre étroitement. Les riches portent la perruque. On en distingue deux catégories principales;

la perruque courte, arrondie, et s'arrêtant à la nuque;
la perruque longue, beaucoup plus fournie, qui tombe sur les épaules. Certaines sont artistement travaillées, et comprennent une partie constituée de mèches longues et plates, et une autre de petites boucles. Les dames ne le cèdent en rien aux hommes pour ce qui est des perruques compliquées. Par ailleurs, elles portent les cheveux longs, retombant de part et d'autre de l'épaule.

La coquetterie pour tous

Les hommes comme les femmes ne portent des sandales que dans les grandes occasions ou les déplacements; à l'ordinaire, ils marchent pieds nus.
On aime se frotter d'huiles parfumées, et se farder les yeux avec du kohl broyé sur une palette; cette coutume procède autant de l'élégance que de l'hygiène dans un pays où la poussière provoque plus d'une maladie des yeux. Hommes et femmes arborent colliers, pendentifs, bracelets, boucles d'oreilles. Dirons-nous que l'Égyptienne n'ignore rien de la parure ou du maquillage pour mettre sa beauté en valeur? Trois mille ans après, les coquettes, révélées par les peintures, n'ont rien perdu de leur séduction.

Palette à fard
Sur cette palette de schiste, en forme de canard, on broyait les produits utilisés pour se farder, la malachite verte et la galène noire. L'objet est très ancien. Plus tard, on utilisait des produits déjà broyés et conservés dans de petits sacs.

Costumes de fête (page 19)
Neferhotep et sa femme Meryt font une offrande. Ils ont revêtu, à cette occasion, leurs plus beaux atours. Lui, porte une jupe sur laquelle il a noué un pagne bouffant; sur ses épaules, il a jeté un mantelet qui laisse les avant-bras dégagés. Un pectoral, des bracelets, et des sandales soulignent l'élégance de sa tenue. Elle, coiffée d'une perruque raffinée et ceinte d'un diadème, a enroulé une longue robe artistement nouée sous la poitrine de manière à laisser apparaître un sein; elle agite un sistre avec un bras dont deux bracelets accentuent le galbe.

Plus méthodique que les voleurs qui l'avait précédé, l'archéologue Brunton découvrit dans la tombe de la princesse Sat-Hathor-Iounet une cache où on avait déposé ses objets de toilette et ses bijoux. Butin : une couronne, deux pectoraux, deux colliers, deux ceintures, beaucoup de bracelets, d'anneaux de chevilles, et de bagues; le tout en or, pierres précieuses et coquillages.

les Égyptiens

plaisirs sages et violents

● Les pharaons aussi aimaient se distraire. Certains écoutaient inlassablement les histoires merveilleuses du temps passé, ou se faisaient lire les suppliques d'un plaideur à l'éloquence charmeuse. Snefrou, pharaon de la IVe dynastie, préférait des distractions moins littéraires. Suivant la suggestion d'un de ses sujets, il passa une journée à contempler les ébats nautiques de vingt belles jeunes filles placées, pour la circonstance, au banc de nage d'une grande barque.

Un peuple qui n'aimait pas s'ennuyer

Les prêtres impassibles, les statues solennelles, les monuments majestueux feraient croire que les anciens Égyptiens ne vivaient que dans la méditation et la contemplation. Nullement. Gais et aimant la vie, ils savaient comment chasser la morosité. Ne parlons pas des tavernes que les étudiants fréquentaient plus assidûment que l'école, à en croire un vieux scribe grincheux. Il y avait d'autres façons de se distraire. Les jeunes garçons jouaient au « chevreau », une sorte de saute-mouton : l'un d'eux sautait au-dessus de deux de ses camarades assis face à face, et qui essayaient de lui attraper les jambes au passage. Leurs aînés préféraient la lutte à mains nues où ils démontraient et leur force, et leur science des prises efficaces. Ou encore, les jeunes soldats, devant des spectateurs admiratifs, se livraient un duel au bâton, leur bras gauche protégé par un brassard de cuir. Les mariniers, quatre par bateaux, joutaient avec de longues perches en essayant de faire basculer leurs adversaires dans l'eau.

Jeux de société

Toutes les distractions n'étaient pas aussi violentes. On savait occuper les soirées en s'amusant paisiblement, par exemple, au « serpent »; le jeu représente un serpent enroulé sur lui-même; chaque adversaire dispose d'un pion d'ivoire en forme de lion, et de boules qu'il doit faire progresser autour des anneaux du serpent, à la façon de notre jeu de l'oie. On connaissait aussi le jeu des chacals et des chiens, où l'on plaçait des fiches terminées par la tête de ces animaux dans une tablette percée de trous, et surtout, la « senet » qui se pratiquait sur un damier à vingt ou trente cases, et auquel s'adonnaient le riche Égyptien et son épouse, le soir, au bord du bassin de leur jardin.

Au cours des réunions mondaines, de jolies danseuses venaient égayer l'assistance de leurs mouvements gracieux. L'orchestre qui les accompagnait comprenait harpe, luth, double-flûte, tambourins et sistres, des espèces de crécelles très utilisées, par ailleurs, dans le culte des déesses. La trompette, trop stridente, reste un instrument militaire.

$\frac{1}{2\,|\,3}$ **images**

1 Musiciennes et danseuses

Une musicienne accroupie joue du double hautbois, tandis que ses trois compagnes marquent le rythme en battant des mains. Sur cette musique, deux danseuses nues exécutent des figures. Cette scène, déjà remarquable par sa qualité artistique, comporte une particularité exceptionnelle dans l'art égyptien : les deux musiciennes, au centre, sont vues de face.

2 Jeu de senet

Il existe différentes sortes de jeu de senet; celui-ci comporte 20 cases quand d'autres en ont 30.

3 Joute de soldats

En haut, combat « à la canne »; le combattant de droite, en se fendant, a touché l'épaule de son adversaire. En bas, lutte. Un combat vient de se terminer; tandis que le perdant mord la poussière, le vainqueur triomphe sans modestie. Deux autres lutteurs sont aux prises; l'un porte une clef au poignet droit de son adversaire qui tente de le faire se plier.

richesses de l'Égypte

Cueillette du raisin

La vigne n'est pas cultivée sur pied, mais sur treille. Certaines régions étaient particulièrement réputées pour leurs vignobles; ainsi, le Sud-Est du delta, le long d'une ancienne branche du Nil, et l'Ouest du delta, où encore de nos jours s'étendent de grands domaines viticoles; et aussi les oasis du désert occidental. Ici, deux serviteurs détachent soigneusement les lourdes grappes qu'ils transportent dans un petit panier, ou à la main, en les tenant délicatement pour ne pas écraser les grains.

Foulage du raisin

Le raisin est entassé dans une grande cuve de pierre; deux colonnettes en forme de papyrus supportent une poutre garnie de guirlandes; les vignerons se tiennent à des cordes suspendues à la poutre pour garder leur équilibre. Le jus s'écoule dans un baquet par un orifice ménagé sur un côté de la cuve; il est ensuite recueilli dans des jarres à oreilles, bouchées au plâtre et estampillées. Très experts en vin, les Égyptiens étiquetaient soigneusement ces jarres, en notant l'année, l'origine, le cépage, la qualité, et le nom du vigneron responsable. Ils savaient distinguer les crus et les améliorer, en fonction de leurs caractères, avec divers ingrédients, tels le miel ou les aromates.

la terre nourricière

Cueillette des figues

Dans les jardins on plantait aussi, outre la vigne, de beaux arbres fruitiers. Ici, deux serviteurs s'affairent autour d'un figuier surchargé de fruits mûrs, et entassent les figues dans de grandes corbeilles. Qu'ils ne traînent pas! Trois singes leur font une concurrence déloyale, car eux peuvent grimper aux branches sans risquer de les rompre.

Labourage

Deux vaches sont réunies par un joug attaché à leurs cornes et reposant sur leur nuque (ce que les conventions du dessin égyptien masquent ici). Sur ce joug s'appuie le timon dont l'autre extrémité est liée au cep de la charrue. Le paysan en tient un des manchons, brandissant un fouet dans sa main libre. Comme la terre, encore imprégnée d'eau, est meuble, il n'a pas besoin de s'arcbouter pour enfoncer le soc. Un jeune garçon puise dans son sac les semences qu'il répand. On fera repasser la charrue pour les enfoncer.

La moisson

Les épis sont coupés assez haut sur les tiges, puis entassés dans des filets renforcés par des arceaux de bois. On suspend ensuite ces filets à un brancard qui repose sur les épaules de deux porteurs. Derrière eux, deux glaneuses se crêpent le chignon. Heureusement, le soleil inspire à deux autres paysans un comportement plus pacifique; l'un médite sur la fuite du temps, tandis que l'autre, assis sous une outre d'eau, joue de la flûte.

Vertes campagnes...

Chaque année, au moment de la crue, le Nil déborde de son lit et se répand sur les basses terres de la vallée en charriant un limon noir et fertile. Pourvu qu'on répartisse les eaux et qu'on les retienne par des digues de terre, la campagne, à peine la décrue terminée, est recouverte d'une plaque de terre. Alors les paysans sèment et enfoncent les grains en passant la charrue dans la terre encore meuble. Au besoin, un troupeau de moutons ou de porcs achèvera le travail par ses piétinements. Il n'y a plus qu'à attendre une récolte abondante. Céréales (blé et orge) et lin poussent aisément sous le chaud soleil.

Bien sûr, l'inondation ne recouvre pas tout le terroir. Les terres hautes doivent être irriguées artificiellement par des canaux, ou en puisant dans les mares. On fait monter l'eau à l'aide d'un appareil rudimentaire, mais efficace, encore utilisé de nos jours sous le nom de « shadouf ». Là on pratique les cultures maraîchères, oignons, laitues, lentilles, fèves, pois chiches. Dans les jardins on entretient des fleurs et de beaux arbres fruitiers, grenadiers, figuiers, palmiers-dattiers et aussi la vigne.

● Les Égyptiens distinguaient plusieurs catégories de terres cultivables : les terres hautes, que l'inondation n'atteignait pas et qu'il fallait irriguer ; les terres basses ; les terres neuves, gagnées à la faveur d'un déplacement du cours du Nil ; les terres fraîches, et, au contraire, les terres fatiguées ; les terres broussailleuses qu'il fallait défricher ; les terres étirées en longueur le long d'une berge ; etc.

la terre nourricière

Un dur travail

Somme toute, la vie paraît douce à la campagne. Pourtant, plus d'un texte raille la dureté de la condition paysanne : « N'as-tu donc pas à l'esprit la condition du paysan qui doit faire face à l'établissement de l'impôt sur ses terres, quand le serpent a emporté une moitié de la récolte, et l'hippopotame le reste ? Les souris abondent ; la sauterelle s'abat ; le moineau cause des dommages. Voici qu'un scribe débarque avec ses appariteurs portant le bâton. Ils disent : « donne le blé » ; mais il n'y en a pas. Alors ils battent le paysan furieusement. »

Un tel tableau est poussé au noir ; ce texte a été écrit par un scribe, et les scribes se montrent toujours très conscients de leur supériorité et entendent dénigrer ceux qui ne font pas partie de leur caste. En fait, le sort du paysan dépend des conditions dans lesquelles il travaille : plaignons le travailleur agricole employé dans un grand domaine d'État, mais ne nous inquiétons pas trop du fermier qui entretient ses champs avec amour.

$\dfrac{1}{2 \mid 3}$ images

1 Dépiquage et vannage du blé

A droite, deux paysans remuent avec une fourche les épis entassés sur l'aire afin de les jeter sous les pieds des vaches. Ainsi piétinés, les grains se séparent de la paille.
A gauche, les paysans emplissent des écuelles de grains qu'ils jettent en l'air ; le vent qui souffle entraîne la balle plus légère, tandis que le grain proprement dit retombe sur le sol.

2 Une houe

La houe est une sorte de pioche avec laquelle on creuse les canaux et on bâtit les digues. Une corde, fixée au milieu, permet de régler la distance entre le manche et la palette.

3 Un shadouf

Sur un pilier de terre séchée, recouverte d'un crépi, s'appuie une longue perche terminée, d'un côté, par un contrepoids. A l'autre extrémité est suspendu un récipient au bout d'une longue corde. Le jardinier pèse sur la corde pour faire basculer la perche vers l'eau et remplir le récipient. Il la tire vers le haut pour obtenir un basculement en sens inverse. Le récipient plein d'eau opposerait une forte résistance s'il n'était contrebalancé par le contrepoids. L'engin est encore répandu dans l'Égypte moderne.

richesses de l'Égypte

Des animaux que nous connaissons

Les Égyptiens tâtonnèrent quelque peu dans le choix des animaux d'élevage. Au début, ils firent de longues expériences avec les gazelles, les bubales, et même les hyènes que l'on gavait comme des oies! Le résultat ne dut pas être fort convaincant puisqu'ils finirent par se limiter à des espèces moins étonnantes. Les bovins, évidemment, tiennent la première place. On en distingue plusieurs variétés : de lourds et gras animaux, aux cornes en forme de lyre, plus spécialement destinés à la boucherie; d'autres plus élancés, utilisés souvent comme bêtes de trait; d'autres, enfin, avec une bosse sur le dos, importés de Syrie. L'élevage est fait avec sérieux et compétence. On sait sélectionner les taureaux en les incitant à se battre afin de déterminer le meilleur, engraisser les veaux, marquer le bétail au fer rouge, et même modifier la forme des cornes de manière que l'une pointe vers le ciel et l'autre se courbe vers le sol. Les marais servent de pâture; le bouvier, hirsute et presque nu, son baluchon attaché à un bâton, y séjourne, à la saison, avec son troupeau. Bien sûr, chèvres et moutons ne sont pas oubliés, mais ils exigent moins de sollicitude que les bovins. Quant au porc, la religion lui fait mauvaise réputation; on se résigne à l'élever presqu'à contre-cœur.

les animaux domestiques

$$\begin{matrix} 1 \\ 2 \\ 3 \end{matrix}$$ images

Mais ni poules ni chameaux

Le paysan moderne serait surpris de ne pas trouver de poules dans la basse-cour des pharaons. Mais les anciens Égyptiens pouvaient s'en passer, tant les oies, les canards, les pigeons, les cailles, et même les grues suffisaient à leurs besoins. L'âne est, par excellence, l'animal à tout faire; la pauvre bête ploie sous toutes sortes de charges : blé en gerbes pendant les moissons, ustensiles, sacs d'or, outres d'eau, ou Égyptien grassouillet!
Quant au cheval, introduit en Égypte un peu avant le Nouvel Empire, on le réserve pour des tâches plus aristocratiques : il tire le char de guerre, celui des notables ou du Pharaon, mais on ne le monte pratiquement jamais. Enfin, contrairement à ce qu'on pourrait croire, le chameau ou le dromadaire n'ont jamais été utilisés à l'époque pharaonique.

1 Gavage d'une hyène

Tandis qu'un homme tient les pattes antérieures de l'animal, un autre, accroupi, lui enfourne dans la gueule une boulette de viande en veillant à ne pas y laisser un doigt.

2 Chevrier et ses bêtes

Les chèvres, aux longues cornes torsadées, se précipitent sur un arbre au feuillage appétissant. Le chevrier, à l'aide d'un bâton crochu, fait tomber les feuilles du sommet, les plus tendres, pour les chevreaux.

3 Traversée d'une mare

A la saison du pâturage, on sortait les vaches de l'étable pour les emmener paître dans les marais. Souvent, il fallait traverser les canaux ou les mares. Les bouviers embarquaient alors sur de frêles esquifs de papyrus, mais les bêtes? On attachait un jeune veau et on le traînait, meuglant, dans l'eau; aussitôt, sa mère de suivre, et, bientôt, tout le troupeau. Mais tapis sur la rive ou au fond de l'eau, les crocodiles se délectaient déjà de ces proies allèchantes. Alors, les bouviers n'avaient plus qu'un espoir : la magie. Tendant le bras vers l'eau, l'index pointé vers le crocodile, comme pour en crever l'œil, il récite une formule destinée à rendre la bête aveugle.

● Pendant les 31 ans du règne de Ramsès III, le cheptel des temples d'Égypte compta 490 386 têtes de bétail, auxquelles il faut en ajouter 1 941, provenant des impositions annuelles, et 20 602 donnés par le Pharaon lui-même.

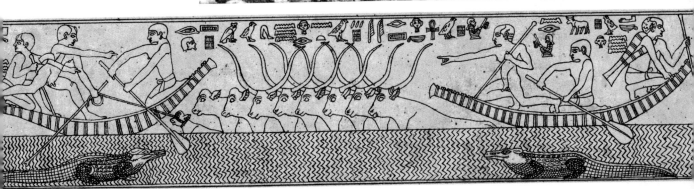

richesses de l'Égypte

les animaux sauvages

Un peuple de chasseurs

A l'époque préhistorique, alors que le climat était beaucoup plus humide, les plateaux libyques et arabiques étaient couverts de steppes où vivaient des populations de chasseurs. Puis les steppes se sont desséchées, les chasseurs les ont abandonnées, et, se mêlant aux agriculteurs de la vallée, ont donné naissance à la civilisation pharaonique. Celle-ci, bien sûr, ne repose plus uniquement sur la chasse, mais la tradition ancienne n'a pas disparu complètement. La chasse fournit un appoint de viande et de cuir à l'économie, et des sensations exaltantes à l'élite de la société.

Gibier à plumes, gibier à poils

Dans la vallée même, le gibier ne manque pas, en particulier les canards sauvages que les riches, montés sur un frêle esquif de papyrus, s'amusent à abattre de leur bâton de jet dans les marais; de cette manière, le butin reste maigre. Aussi, quand on le veut plus abondant, on s'y prend autrement : le chasseur dispose deux grands filets de part et d'autre d'une mare où il attire les oiseaux à l'aide d'un appât; au signal donné, des hommes dissimulés dans les fourrés tirent sur une corde qui rabat les filets sur la mare, et le tour est joué. A ce genre de chasse, pas de risques. Mais lorsqu'il s'agit de capturer au lasso les taureaux sauvages de la zone marécageuse du delta, il faut l'adresse et le courage du Pharaon; du moins les récits qu'on a retrouvés le proclament-ils. Autre animal dangereux de la vallée : l'hippopotame. Sa capture procure des émotions fortes. On le transperce avec un harpon relié à une très longue corde munie de flotteurs; la bête, blessée, s'enfuit; mais les flotteurs dénoncent sa retraite; il reste à l'achever bien vite, en évitant qu'il ne fasse chavirer la barque de ses poursuivants; un vrai sport!

Safari au désert

Ceux qui répugnent à chasser les pieds dans l'eau préfèrent accomplir leurs exploits dans le désert. Car ce « désert » est fort peuplé : lièvres, gazelles, antilopes, cerfs, autruches éveillent l'instinct de chasseur des riches Égyptiens. Quelle occasion de montrer son habileté à l'arc ou au lasso! Celui qui n'a pas grande confiance en son adresse s'en remet à ses chiens, ou à un autre recours : on rabat les animaux vers un grand enclos où il peut les massacrer le plus aisément du monde. Le Pharaon, lui, parcourt le désert sur son char, à la poursuite des lions. Parfois, il ne dédaigne pas de faire un safari en Syrie ou au Soudan pour triompher des éléphants ou des rhinocéros.

$$\frac{1}{2 \mid 3}$$ images

1 Chasse aux lions

Monté sur son char, Toutankhamon crible de flèches lions et lionnes, tandis qu'un chien se précipite à la curée. Deux serviteurs portent un flabellum (sorte de parasol) au-dessus du Pharaon. Dans la réalité, ils auraient eu bien du mal à suivre un char roulant à toute allure.

2 Chasse aux oiseaux

Armé d'un bâton de jet en forme de serpent, un dignitaire, monté sur une barque de papyrus, massacre les oiseaux sous l'œil admiratif de sa femme et de ses enfants.

3 Chasse à l'hippopotame

Au plus épais des fourrés, deux chasseurs munis de grands harpons, transpercent le cuir épais d'un hippopotame. La bête n'est pas contente et se retourne menaçante, tandis qu'un crocodile attend son tour avec inquiétude.

● La chasse n'était pas toujours aussi facile que le laissent croire les représentations. Un officier nommé Amenemheb raconte qu'au cours d'une chasse il sauva Thoutmosis III, menacé par un grand éléphant.

richesses de l'Égypte

l'eau, ce don des dieux

● Un conte met en scène un navigateur qui, parti sur la mer Rouge à bord d'un navire de 60 m de long, fut surpris par une tempête et jeté sur une île inconnue. Un génie serpent l'habitait; il réconforta le naufragé et le traita amicalement. Un jour, un navire passa et recueillit le navigateur, comblé de cadeaux par le serpent. Après son départ, l'île disparut dans les flots.

Embarquement du blé

Une expédition à Pount (page 31)
Les Égyptiens envoyaient régulièrement de gros navires de mer charger les produits exotiques de Pount, sur la côte soudanaise. Les indigènes, fort pacifiques, avaient l'habitude de commercer avec les Égyptiens et leur faisaient bon accueil. Une reine de Pount était atteinte d'une maladie qui la gonflait démesurément, et la rendait pittoresque.

En barque sur le Nil

Dans un pays traversé du Sud au Nord par le Nil, sillonné de canaux, parsemé de marais, et recouvert par l'inondation quatre mois par an, l'eau est à la fois obstacle et moyen de communication. « Faire traverser le fleuve à celui qui n'a pas de bateau » constitue une obligation morale; se déplacer en barque paraît si naturel qu'on croit que c'est de cette manière que le soleil se déplace dans le ciel.

Des bateaux, il y en a de toute sorte. Pour les marais et les eaux peu profondes, une nacelle faite de tiges de papyrus liées suffit; on la propulse et on la dirige à l'aide d'une gaffe; dans certaines, on peut même transporter un veau. Pour naviguer sur le Nil, on utilise des embarcations de bois. Les cargaisons lourdes et volumineuses, par exemple un obélisque, circulent dans de larges chalands que l'on hâle ou que l'on remorque faute d'y pouvoir placer un gréement ou des rameurs, l'espace étant entièrement occupé par la charge. Sinon, les bateaux sont propulsés à la voile et à la rame. Le courant facilite la descente du Nil. On le remonte grâce au vent qui souffle généralement du Nord au Sud. Le Nil, malgré sa crue, se navigue, somme toute, aisément, mais réserve quelques mauvaises surprises, tels les bancs de sable qui changent d'emplacement d'une année sur l'autre. Au Sud, les cataractes dressent un obstacle; il faut creuser un canal pour les contourner, ou aménager sur terre une glissière à travers laquelle on traîne les bateaux d'un endroit navigable à un autre.

Marins d'eau douce? Pas seulement

Forts de ces expériences, les Égyptiens se risquèrent très tôt sur mer. Les ports étaient aménagés, non sur la côte, mais à l'intérieur du delta, sur les bras qui se jettent dans la mer; déjà sous les pharaons, un canal, ancêtre du canal de Suez, reliait le Nil à la mer Rouge. Une route maritime très utilisée allait d'Égypte à Byblos, comptoir de la côte libanaise où l'on embarquait les précieux sapins qui fournissaient le bois de charpente, et à Chypre. Une autre partait du littoral égyptien de la mer Rouge et menait à Pount, région de la côte soudanaise, où les Égyptiens s'approvisionnaient en produits exotiques : encens, térébinthe, ivoire, ébène, singes... Ces routes longeaient les côtes, car on ne s'aventurait pas en pleine mer. Pourtant les qualités de navigateurs des Égyptiens ne doivent pas être dédaignées : les marins à la solde du pharaon Néchao II réussirent, dit-on, à faire le tour de l'Afrique à la fin du VIe siècle avant J.-C.

richesses de l'Égypte

l'eau, ce don des dieux

$\dfrac{1}{2}$ images

Le poisson, richesse du pauvre

Quoiqu'il existe des divinités poissons — ainsi Hatmehyt, déesse dauphin —, les théologiens sentencieux interdisent généralement aux Égyptiens la consommation de ces animaux; c'est une nourriture infâme, l'horreur des dieux, disent-ils. Aussi les prêtres n'en mangent-ils pas. Mais le peuple en fait un de ses aliments de base; parmi les rations allouées aux travailleurs de l'État ou des temples, le poisson tient une large place. Ils auraient bien tort de s'en priver, puisque le Nil, les canaux et les lacs abondent en poissons divers, dont beaucoup sont délicieux : le mulet, le latès, une sorte de perche, l'anguille; les palais moins délicats se contentent du silure ou poisson-chat, dont la chair grasse remplit l'estomac à défaut de flatter le goût. On mange les poissons frais, en les faisant rôtir, mais on sait aussi les conserver en les salant ou en les faisant sécher dans des pêcheries dont l'odeur pestilentielle fait fuir le promeneur. Avec les œufs de mulet on confectionne une sorte de caviar appelé « boutargue ».

Des filets bien garnis

Aussi la pêche constitue-t-elle une activité importante. On peut s'y livrer seul, en jetant dans l'eau un fil muni de gros hameçons sans appât, ou encore avec une épuisette, une nasse, un harpon, ce qui est déjà plus « sportif ». Mais, à pêcher ainsi, le rendement reste faible. Lorsqu'on désire une grande quantité de poissons, on emploie les grands moyens : deux barques dérivent côte à côte; entre elles un grand filet tenu, à chaque extrémité, par deux pêcheurs, debout dans chacune des deux barques; insensiblement on amène le filet vers la berge; là, il s'agit de sauter à terre très vite et de hisser le filet plein de poissons frétillants.

Les Égyptiens avaient observé attentivement les mœurs des poissons; ils savaient à quelle époque de l'année les muges, poissons de mer qui s'aventurent fort loin dans le Nil, redescendaient vers les eaux salées pour se reproduire. Au demeurant, ils avaient déjà distingué trois variétés de muges, et les savants modernes, plus de quatre millénaires après, et au terme de longues études, n'ont pu qu'arriver à la même distinction.

1 Pêche à la senne

A côté du gouvernail d'une barque, un pêcheur laisse tomber dans l'eau un grand filet dont l'autre extrémité est tenue par un pêcheur dans une barque semblable, non visible sur la photo. Trois rameurs font mouvoir l'embarcation, tandis que le chef, debout, commande l'opération en interpellant les pêcheurs de la seconde barque. La manœuvre exige du savoir-faire et une bonne appréciation des distances; autrement, on risque d'emmêler le filet ou d'effrayer les poissons.

2 Pêche à l'épuisette

Les pêcheurs manœuvrent sur une légère barque de papyrus; ils portent une giberne suspendue à leur épaule. L'ouverture des grandes épuisettes est renforcée par une armature de bois en forme de V. Selon les conventions du dessin égyptien, cette ouverture est représentée dans le même plan que le cône formé par le filet de l'épuisette, alors qu'elle est en réalité perpendiculaire à ce plan. Avec de tels engins, on ne capture que le menu fretin laissé aux pêcheurs par le canard et le pélican (en bas).

● Les pêcheurs chargés d'approvisionner les artisans des tombes royales de Deir-el-Médina ne devaient pas chômer. En effet, il leur fallait fournir plus de six tonnes de poissons par an. La ration de chacun des artisans — une soixantaine, au total —, s'élevait à 8,4 kg par mois soit 280 g par jour.

richesses de l'Égypte

le travail des hommes

L'amour du beau

Parcourons un musée d'antiquités égyptiennes. Ne sommes-nous pas frappés par l'extrême variété de ce qu'a produit l'art égyptien? Sans parler des constructions monumentales, on compte des chefs-d'œuvre aussi bien dans la sculpture que dans la joaillerie, l'ébénisterie, la céramique ou l'orfèvrerie.

Pourtant les connaissances techniques de l'époque, sans être rudimentaires, n'étaient pas toujours très avancées. Ainsi la métallurgie du fer ne se développe véritablement qu'au premier millénaire avant J.-C., et pendant toute la période pharaonique, les Égyptiens utilisent généralement des outils de pierre, les outils de métal étant réservés à des usages particuliers, et distribués au compte goutte. Malgré ce handicap, les objets égyptiens suscitent, de nos jours encore, l'admiration. Cela tient, sans doute, à un « bon goût » particulier, qui leur donne des proportions et des apparences séduisantes.

Des mérites médiocrement récompensés

Les ateliers d'artisanat dépendent, en général, de l'État, des temples, ou des domaines des riches particuliers; les artisans ne sont pratiquement jamais à leur propre compte. Telle ou telle ville est réputée pour une production particulière; ainsi, Memphis jouissait d'une célébrité méritée pour ses manufactures d'armes. Mais les produits courants sont fabriqués un peu partout. En général, les artisans ne bénéficient pas d'une position sociale très élevée : « je n'ai jamais vu un sculpteur envoyé en mission », raille un scribe. De fait, ils demeurent le plus souvent dans l'anonymat. Pourtant il arrive qu'un client, très satisfait du travail de l'artiste, récompense généreusement celui-ci et l'autorise à apposer son nom sur l'œuvre qu'il a réalisée. De même, quand ils travaillent pour le roi, les artisans reçoivent des avantages spéciaux. Par un heureux hasard, les fouilles ont mis à jour les vestiges d'un village occupé par les artisans spécialement chargés de décorer les tombes royales de Thèbes. L'étude de ce village, Deir-el-Médina, a révélé que ses habitants avaient un niveau de vie très supérieur à la moyenne des travailleurs manuels.

$$\frac{1}{2 \mid 3}$$ **images**

1 Artisans au travail

En haut : A l'extrême droite, un menuisier scie une planche de bois maintenue par un lien serré à un pieu fiché en terre. A droite et à gauche, deux ébénistes assis taillent des éléments décoratifs en forme de « nœud d'Isis » et de « pilier djed » (p. 61). Ces éléments sont ensuite insérés dans des rails de bois, et disposés en trois rangées constituant la partie supérieure d'un naos (au centre).

En bas : A l'extrême droite, un fondeur active son fourneau en soufflant dans un chalumeau; avec des pincettes il porte au feu un morceau de métal. Au milieu, deux ouvriers polissent des vases en métal. A gauche, un autre termine au ciseau l'uréus (p. 60) d'un sphinx de métal.

2 Herminette

Composé d'un manche de bois recourbé et d'une lame de métal, l'instrument sert à tailler et à raboter le bois.

3 Pesée du métal

Dans le plateau de gauche, les anneaux de métal; dans celui de droite, un poids en forme de tête de bœuf. Si le peson est vertical, c'est que l'équilibre est atteint.

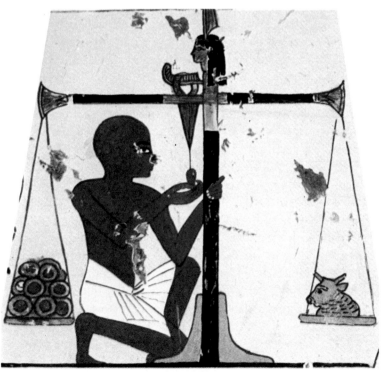

le pouvoir

Pharaon

Assis nonchalamment sur une luxueuse chaise, les pieds calés par un coussin moelleux, le Pharaon reçoit les soins de son épouse. Il porte une couronne très compliquée, appelée « triple atef » (p. 60); à la ceinture de son long pagne, il a noué une écharpe dont les pans retombent gracieusement sur le côté. La reine, qui a passé une robe élégante, porte une coiffure constituée du disque solaire, encadré par deux cornes, surmonté de deux plumes, reposant sur une couronne d'ureus (p. 60). En haut, le globe solaire dont les rayons se terminent par des mains. C'est le symbole du dieu Aton, dont le prédécesseur de Toutankhamon, Akhenaton, avait voulu faire le dieu exclusif de l'Égypte.

Un souverain entouré de solennité!

On appelle le monarque qui règne sur l'Égypte « Pharaon »; Pharaon signifie en égyptien « la grande maison », désignation du palais royal, puis de celui qui l'habite. En fait le roi reçoit une titulature composée de cinq noms : nom d'Horus, nom des « deux maîtresses », nom d' « Horus d'or », nom de « roi du Sud et du Nord », nom de « fils de Rê »; ces deux derniers noms sont écrits à l'intérieur d'un cartouche, qui représente un cercle de corde magique, étiré en ovale pour s'adapter à l'écriture. De nombreux insignes marquent sa fonction : la double couronne (couronnes de Haute-Égypte et de Basse-Égypte réunies), le khepresh, l'uréus, cobra fixé à son front et qui crache une flamme consumant ses ennemis, divers sceptres, symboles de son autorité. Ses objets familiers, barbe postiche, perruque, sandales, sont traités avec vénération et confiés à des dignitaires particuliers. Un cérémonial fastueux préside aux faits et gestes du Pharaon; ses apparitions et ses relations avec ses sujets sont réglées par une étiquette minutieuse. Lorsqu'un Égyptien est présenté au Pharaon, il doit se jeter à terre et « flairer le sol ». Tous les actes du Pharaon sont décrits en termes ampoulés; apparaît-il à la fenêtre du palais qu'on dira « Horus s'élève sur son horizon ». A chaque fois qu'il est représenté, le Pharaon domine toujours les autres hommes par sa taille, et égale les dieux.

Un pouvoir absolu

Chef d'État, il dirige la politique, promulgue des décrets en s'appuyant sur son premier ministre, le vizir, qui l'informe et transmet ses décisions à l'appareil administratif. Chef militaire, il commande l'armée en campagne; les récits guerriers présentent sa participation au combat comme décisive; ainsi, dans une bataille livrée contre les Hittites, l'action personnelle de Ramsès II aurait rétabli une situation compromise. Chef religieux, c'est lui qui théoriquement accomplit les rites en faveur des divinités; mais comme ces rites ont lieu chaque jour, dans tous les temples d'Égypte, il délègue ses pouvoirs aux prêtres. En revanche, il dirige les grandes cérémonies religieuses, décide de la construction ou de la restauration des sanctuaires.

Un homme proche des dieux

Pharaon entretient avec les dieux des relations de fils à père. Au demeurant, le mythe de la naissance royale raconte que l'héritier de la couronne est engendré par un dieu qui prend, pour la circonstance, l'apparence du roi régnant. Grâce à cette familiarité avec le monde divin, le Pharaon agit en tant qu'intermédiaire privilégié entre ce monde et l'humanité. Pourtant le bon peuple ne s'y trompe pas; derrière la munificence et l'emphase des épithètes royales, il sait que se trouve un homme comme les autres; plus d'un conte met le roi, « dieu bon », « fils de dieu », dans des postures peu glorieuses.

le pouvoir

les scribes

Déjà, la paperasse...

La civilisation égyptienne est l'une des premières à avoir inventé l'écriture. Le moins qu'on puisse dire, c'est qu'elle a abondamment utilisé cette invention. Le goût de l'administration y est pour beaucoup. Dans l'Égypte ancienne, tout est enregistré, recopié, classé. Offices nationaux, temples, domaines privés disposent de leur propre administration qui note minutieusement tout ce qui se passe et tout ce qui est produit; on n'obtient rien sans demande en bonne et due forme, ni sans pièces justificatives.

A vrai dire, l'excès nuit. On noircit tant de papyrus que la paperasse finit par étouffer l'activité. Dans l'Égypte pharaonique, comme en d'autres temps et en d'autres lieux, le goût trop poussé de la perfection suscite une bureaucratie pesante qui tend à paralyser ce qu'elle devrait en fait régulariser. Déjà on se plaint de la raideur des « ronds de cuir », des situations cocasses dues à l'enchevêtrement des règlements. Tel proteste parce qu'il est taxé pour un personnel qu'il ne possède pas; on a appliqué à ses quelques arpents de terre des normes valant pour les immenses domaines des grands temples. Un autre, responsable de l'exploitation d'une carrière, s'étonne qu'on l'oblige à conduire ses ouvriers à la capitale pour les habiller, opération exigeant une semaine, alors qu'un chaland vide passe régulièrement près de la carrière; le chargerait-on des vêtements nécessaires, que six jours seraient gagnés.

Des privilégiés

Qu'importe au scribe. Accroupi, le calame à la main, un rouleau de papyrus sur les genoux, il aligne imperturbablement chiffres et formules administratives, comme on le lui a inculqué à l'école. Fier de sa compétence, conscient de son importance — n'est-il pas indispensable à l'État? —, il entend se distinguer du paysan ou du travailleur manuel dont il raille les déboires. A lui les beaux habits, les honneurs, une situation assise, c'est le cas de le dire. Bien nourri, déjà bedonnant, il s'admire béatement d'être si savant.

1 Palette de scribe

En haut, deux cavités destinées à recevoir les pastilles d'encre noire et d'encre rouge. Au milieu, une encoche où sont insérées les tiges de roseaux (calames) qui servent à écrire.

2 Scribe accroupi

Assis « en tailleur », il écrit sur un rouleau de papyrus posé à plat sur ses cuisses.

3 Vérification des comptes

A gauche, les intendants des domaines, visiblement peu sûrs d'eux, sont traînés par des policiers devant une commission de scribes qui épluchent leurs comptes. Des archivistes leur fournissent les documents dont ils ont besoin (à droite).

● Fabrication du papyrus :
On coupe les tiges de papyrus en tronçons; puis on coupe ces tronçons, dans le sens de la longueur, en fines lamelles. Ensuite, ces lamelles, bien mouillées, sont placées côte à côte, de manière à couvrir la surface correspondant à la future page; on superpose une seconde couche de lamelles, perpendiculaires à la première. L'ensemble est longuement battu, lavé, séché, pour obtenir une page que l'on collera, par le rebord, à d'autres pages; un rouleau comporte, en général, 20 pages.

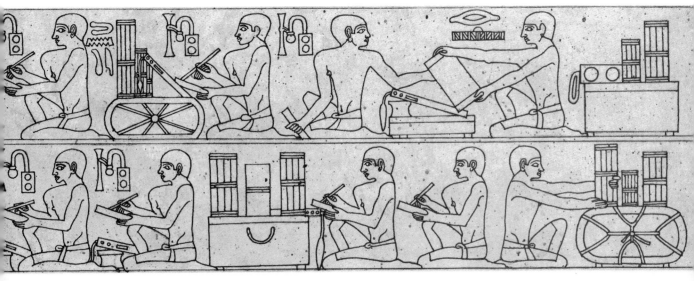

Une civilisation pacifique, et pourtant...

Comparée à d'autres civilisations du Proche-Orient, l'Égypte pharaonique offre un visage débonnaire et pacifique. Cependant elle a dû apprendre à organiser et à développer sa puissance militaire pour deux raisons. D'une part, elle utilise divers produits qu'elle doit chercher, soit dans les déserts qui bordent la vallée, soit dans les pays étrangers : tels, l'or, l'argent, le cuivre, les pierres précieuses, le bois de charpente, les aromates. Pour assurer la sécurité des routes d'approvisionnement, une force armée est nécessaire. D'autre part, l'Égypte eut à se défendre contre les invasions : les Hyksos, peuplade de pasteurs sémites, les Libyens, les Peuples de la Mer, les Éthiopiens, les Assyriens et les Perses attaquèrent tour à tour ses frontières.

Une armée bien organisée

Aussi, au Nouvel Empire, une armée régulière est mise sur pied et minutieusement organisée. L'infanterie est répartie en quatre divisions désignées chacune par le nom d'un des quatre grands dieux, Rê, Amon, Ptah, Seth. Elles comprennent 20 compagnies de 250 hommes, elles-mêmes subdivisées en sections de 50 hommes. A côté de l'infanterie, voici l'ancêtre de nos armées motorisées : des chars de guerre traînés par des chevaux; cette « charrerie » constitue l'unité d'élite; elle est composée d'escadrons de 25 chars; chaque char, tiré par deux chevaux, est monté par deux soldats, un conducteur et un combattant.

le pouvoir

Outre l'infanterie et la charrerie, il existe des corps spécialisés : marins, éclaireurs, troupes de garnison, intendance. L'armement comprend haches, piques, javelines, arcs, cimeterres, coutelas; des boucliers de bois, recouverts de peaux, et des cuirasses protègent les combattants.

Propagande antimilitariste

L'Égypte recrute des mercenaires parmi les peuples étrangers : Libyens, Nubiens, Grecs servent le Pharaon. Par ailleurs, nombre d'Égyptiens choisissent le métier des armes. Y trouvent-ils leur compte? A vrai dire, des récits violents peignent un épouvantable tableau de la condition militaire : « On prend le jeune soldat, et on l'emprisonne dans un baraquement; on le jette par terre, et on le bat comme un papyrus. Le voici parti guerroyer en Syrie; sa ration de pain et d'eau est sur ses épaules, comme le fardeau d'un âne; il boit de l'eau malodorante et ne fait halte que pour monter la garde. Quand il revient en Égypte, il est comme un morceau de bois mangé aux vers. » Cette littérature antimilitariste est répandue par des scribes, inquiets de voir les jeunes délaisser les études pour rêver de gloire et de conquête. Dans la réalité, le guerrier reçoit de l'or, participe au butin, a droit à des donations de terrain; quand vient l'âge, on lui confie un poste de tout repos dans l'administration, pour qu'il y coule des jours sereins et prospères.

faire la guerre

$$\frac{1}{2 \mid 3}$$ images

1 Une forteresse du Moyen Empire

Reconstitution de la forteresse de Bouhen, en Nubie. Le mur fortifié, haut de plus de 9 m, et renforcé par des tours, est précédé d'une berme, elle-même défendue par un parapet surplombant un fossé. La poterne est constituée de deux tours encadrant un étroit corridor de plus de 20 m de long, et enjambant le fossé.
Le corridor est interrompu par une fosse recouverte d'un tablier de bois que l'on retire en cas d'attaque.

2 Hache et poignard

Ces armes appartenaient au pharaon Amosis. Sur la lame de la hache, les cartouches du Pharaon, une scène le montrant en train d'abattre un prisonnier, et le dieu Montou sous forme de griffon.
Ces armes, plaquées d'or, sont des armes d'apparat.

3 Cotte de maille

La cotte est suspendue à un pilier dont l'extrémité est visible en haut. Elle est faite d'une brassière de cuir recouverte de plaques de bronze. La cotte de maille fut introduite de Syrie en Égypte au début du Nouvel Empire.

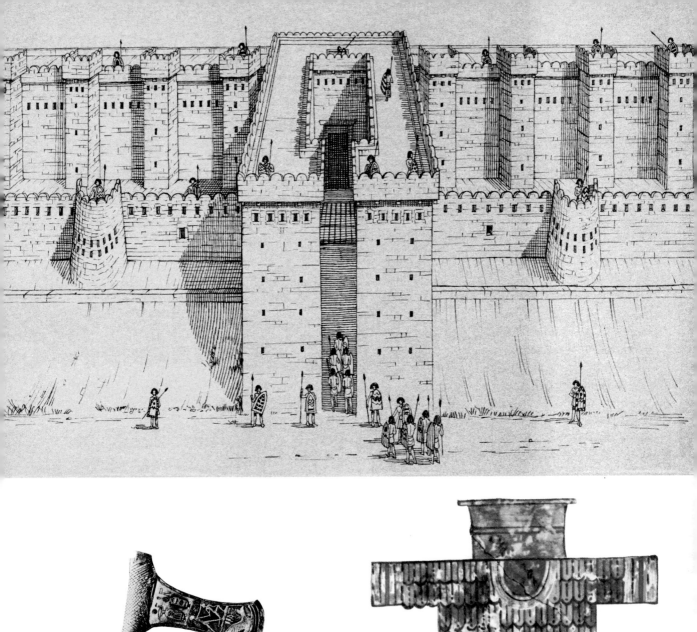

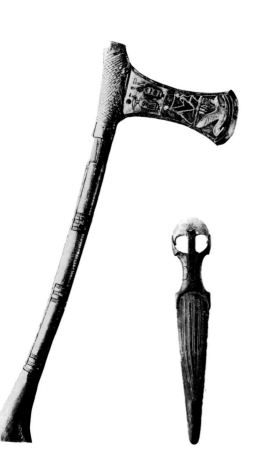

échec aux peuples de la mer

les dieux et les morts

Osiris et Isis

Le Pharaon fait l'offrande à Osiris et Isis (à gauche). Osiris, coiffé de la couronne de Haute-Égypte et de l'ureus (p. 60) tient le sceptre crochu, symbole de pouvoir, le sceptre ouas (p. 61), et le fléau. Isis porte une coiffure composée du disque solaire entouré de cornes de vache. Osiris est le dieu des morts; voici pourquoi : jadis, Osiris, Pharaon aimé de son peuple, avait un frère, Seth, qui le jalousait. Un jour, Seth réussit à le tuer, découpa son corps en morceaux qu'il jeta au Nil. Isis, l'épouse d'Osiris, partit à la quête de ces morceaux, reconstitua le corps, et conçut un fils posthume, appelé Horus. Elle l'éleva à Chemmis, dans les marais qui bordent la côte de la Méditerranée, en se cachant de Seth. Devenu grand, Horus tua Seth pour venger son père et lui succéder comme pharaon. Quant à Osiris, il régna désormais sur le royaume souterrain des morts.

Dieu chat et Apophis

Si les déesses serpents protègent les récoltes et la nourriture, les dieux serpents, eux, incarnent les forces du mal. Ainsi, Apophis voue une haine inextinguible à Rê, le dieu Soleil. Chaque jour, quand Rê parcourt le ciel sur sa barque, Apophis tente de l'engloutir. Heureusement, Rê mobilise une escorte de divinités « garde du corps », comme, ici, le chat, qui savent repousser les assauts du serpent. L'ennui est qu'Apophis, loin de se décourager de ses échecs répétés, revient inlassablement à la charge, et qu'inlassablement, il faut lui tenir tête.

des dieux étranges

Thot

Thot s'incarne dans deux animaux différents. A gauche, il a un corps d'homme, surmonté d'une tête d'ibis coiffée du croissant et du disque lunaire. A droite, le voici sous l'aspect d'un babouin, portant la même coiffure. Thot est le dieu de l'ordre et de la régularité. Quand Horus et Seth se chamaillent, c'est-à-dire sans arrêt, il intervient pour les réconcilier. Dieu de la Lune, il fixe les divisions du temps et établit le calendrier. Inventeur de l'écriture, il veille sur les lois et donne l'inspiration aux scribes. Comme il sait déchiffrer les vieux écrits, il est le maître de la magie, et même les dieux font appel à lui quand ils se trouvent en difficulté. Une légende raconte qu'il sut ramener en Égypte la fille du dieu Soleil qui s'était enfuie au Soudan.

Thouéris et Hathor

Au centre, la déesse hippopotame Thouéris s'appuie sur le hiéroglyphe qui signifie « protection », en brandissant un fouet. Il en est de l'hippopotame comme du serpent. Si les dieux hippopotames sont maléfiques, les déesses hippopotames veillent à la prospérité des maisons et protègent le nouveau-né et sa mère. A droite la vache Hathor qui sort du gebel où a été creusée la nécropole (l'entrée d'une tombe est visible à l'extrême droite). Elle passera ensuite dans les fourrés de papyrus qui croissent dans les eaux stagnantes, à la lisière des terres cultivées.

les dieux et les morts

des temples pour tous les dieux

Majesté et pénombre

En Haute-Égypte quelques temples, presque intacts, dressent encore leurs silhouettes majestueuses. Pourtant, à peine suffisent-ils à évoquer la splendeur de l'époque pharaonique.

Les temples sont bâtis non loin du Nil ou d'un canal; d'un quai établi sur la berge part une allée, le dromos, bordée de sphinx ou de criosphinx, qui mène au temple. Celui-ci est entouré d'un haut mur d'enceinte, dont la porte est défendue par un pylône massif contre lequel s'appuient des mâts portant des oriflammes; devant, des obélisques, des statues colossales du Pharaon, des oratoires populaires, une foule grouillante de plaideurs, car ici sont jugées les affaires bénignes.

Entrons. Voici une grande cour, pourvue d'une colonnade. Ensuite, une ou plusieurs salles à colonnes, appelées hypostyles; ces colonnes, décorées, plaquées d'or, peintes de vives couleurs, évoquent par leur forme des papyrus, des lotus, et soutiennent un plafond étoilé.

Enfin, voici le sanctuaire proprement dit; adossées aux murs, de petites pièces contiennent la barque du dieu, les enseignes sacrées, le matériel du culte; au centre, le naos, petit local où est enfermé la statue du dieu. Les parois du temple sont ornées de bas-reliefs représentant les rites accomplis en faveur des divinités. Des escaliers conduisent au toit sur lequel sont érigées de petites chapelles. Au fur et à mesure que l'on s'avance vers le fond du temple, le plafond s'abaisse, le sol monte, et, la lumière décroissant, la pénombre s'épaissit, suggérant le mystère.

Des dépendances nombreuses

En dehors du temple proprement dit, mais à l'intérieur de l'enceinte, on trouve le puits d'où on tire l'eau nécessaire aux rites, le lac sacré sur lequel, occasionnellement, flotte la barque divine, des temples annexes, comme le « mammisi », où est célébrée la naissance du jeune dieu, la maison de vie, centre de l'activité théologique et école pour les futurs prêtres, les demeures des prêtres et de nombreux ateliers, intendances et officines diverses.

C'est que le temple, plus qu'un simple lieu de culte, constitue aussi une cellule économique; il possède des terres, des biens, des revenus, une administration propre; le Pharaon lui accorde souvent des privilèges, exemption de taxes, droit d'asile. Un inventaire réalisé sous Ramsès III nous apprend que les temples disposent de 107 615 esclaves, 490 386 têtes de bétail, et du 1/7 des terres cultivables.

$\frac{1}{2}$ **images**

1 Entrée du temple d'Horus à Edfou
L'entrée est ménagée dans un pylône défendu par deux hautes tours (36 m). De chaque côté, dans les rainures du mur, passaient deux grands mâts surmontés d'oriflammes. Chaque tour est décorée d'une immense scène représentant le roi abattant des prisonniers devant Horus, à tête de faucon.

2 La cour du temple d'Horus
Nous avons franchi la porte et nous voici dans une grande cour pavée, bordée de chaque côté d'une colonnade. Là s'entassait la foule, les jours de fête. Au fond de la cour, l'entrée de la première salle hypostyle, gardée par deux statues de faucon, et flanquée de trois colonnes de part et d'autre; le mur d'entrecolonnement ne monte qu'à mi-hauteur afin de laisser passer la lumière.

Un clergé puissant

La classe des prêtres représente une importante fraction de la société égyptienne. Pour être prêtre, il faut savoir lire et écrire, et s'être purifié lors de l'accomplissement de ses fonctions; mais le célibat n'est pas requis. Comme le service n'intervient qu'à certains moments, le prêtre peut aussi exercer une profession laïque. A la tête du clergé, on trouve le « prophète », ou le « premier prophète », s'il y en a plusieurs, puis les « pères divins ». Viennent ensuite les prêtres spécialistes : le « prêtre-lecteur », qui lit les textes religieux, les « horoscopes », qui s'occupent du calendrier et de la marche des astres, les « stolistes », qui ont charge du linge sacré, les « hiérogrammates », experts en théologie. Enfin, les « purs » qui se répartissent les fonctions mineures : porteurs de la barque, artisans des ateliers du temple, balayeurs. Il y a aussi un clergé féminin : chanteuses et joueuses de sistre, « divine adoratrice » pour le dieu Amon, prophétesses, pour les déesses. En outre, d'autres prêtres veillent au service des morts : « le serviteur du double » qui pourvoit les offrandes, le « choachyte » qui leur verse des libations.

Le Pharaon, chef religieux, accomplit les principaux rites, mais délègue son pouvoir au prophète qui célèbre le culte journalier. Au lever du jour, il s'avance vers le naos, en rompt les scellés, se prosterne, lave la statue du dieu, l'oint, l'entoure de bandelettes, lui fait des fumigations d'encens, lui offre un repas, puis referme le naos, repose les scellés, et s'éloigne en effaçant ses traces sur le sol. Le cérémonial est réglé minutieusement.

les dieux et les morts

prêtres et cérémonies

Des cérémonies fastueuses

Les fêtes, très nombreuses, sont l'occasion de fastueuses solennités (voir pp. 50-51). La statue du dieu est placée sur une barque portée par les prêtres et transportée hors du temple dans l'allégresse générale, puisque les laïcs, à qui l'accès au temple est interdit, peuvent enfin contempler leur dieu. Parfois la statue effectue une navigation sur le lac sacré, ou même sur le Nil pour rendre visite à des divinités amies. Souvent, on joue un épisode de la légende du dieu. Ainsi, à Abydos, patrie d'Osiris, la barque du dieu est assaillie par ceux qui tiennent le rôle de Seth, frère et meurtrier d'Osiris; suit un combat au terme duquel les partisans d'Osiris triomphent; puis tous se réconcilient dans la joie.

C'est aussi quand sort la barque du dieu que le peuple égyptien exprime ses prières ou consulte l'oracle. A ceux qui le questionnent, le dieu répond par des mouvements de la barque; ces mouvements sont évidemment commandés par les prêtres qui portent la barque. Les questions adressées à l'oracle sont très diverses et dénotent des inquiétudes ou des préoccupations de toute nature : « Nommera-t-on Untel premier prophète? »; « Untel est-il coupable? »; « Qui a volé ma marmite? ».

Thoutmosis III devant Amon (page 49)

A droite, Amon, coiffé d'un mortier à deux plumes, vêtu d'un pagne à queue, laquelle passe entre ses genoux pour retomber le long de ses jambes. A gauche, Thoutmosis III, coiffé du nemès (p. 60), effectue le rite d'offrir l'encens et la libation. De sa main gauche il tient une cassolette où brûle l'encens; de sa main droite une aiguière avec laquelle il verse de l'eau sur deux petits autels. A hauteur du visage du roi et du dieu, des graffiti hiératiques laissés par des visiteurs de l'époque pharaonique.

Stèle d'un paralytique

Rem, un pauvre portier, atteint de poliomyélite, réunit ses dernières ressources pour faire une offrande somptueuse à Astarté, déesse syrienne introduite en Égypte, dans l'espoir d'obtenir sa guérison.

la belle fête de la vallée

les dieux et les morts

des croyances étranges

Une magie très utile

Parallèlement à la religion, bien des croyances et des superstitions dominent la vie de l'Égyptien ancien. Est-il malade qu'il recourt à la médecine, mais cette médecine demeure rudimentaire, et encore mêlée de magie; voici, par exemple, une recette pour guérir les maux de dents d'un jeune enfant : « On fait manger à l'enfant ou à sa mère une souris cuite. Les os en sont placés à son cou dans une étoffe de lin fin, à laquelle on fait sept nœuds. » La magie sert aussi à conjurer les dangers quotidiens. L'Égypte est infestée de serpents, de scorpions et de crocodiles. Aussi place-t-on dans les maisons des stèles recouvertes de formules et représentant Horus enfant triomphant des animaux dangereux; on espère ainsi repousser ces animaux, ou, à défaut, guérir de leurs piqûres ou de leurs morsures. De même des images du dieu Bès, un nain difforme, dont l'aspect est censé épouvanter les mauvais esprits, sont placées aux endroits « stratégiques », en particulier sur les chevets sur lesquels on pose le cou pour dormir; ainsi, pas de mauvais rêves. Par la magie on espère aussi capter l'amour d'une jeune fille jusque-là dédaigneuse, ou encore, faire tomber les cheveux d'une rivale trop jolie. D'autres tentent de retrouver leurs vingt ans en suivant les préceptes d'un livre intitulé « comment transformer un vieillard en jeune homme ». On n'ignore rien des techniques de la sorcellerie classique : un mari bafoué façonne un crocodile en cire et le place dans le bassin où son rival a coutume de se baigner; animé par une formule magique, l'effigie de cire devient un vrai crocodile qui dévore le baigneur.

Une épreuve redoutable

La magie répond non seulement aux préoccupations terrestres, mais aussi à celles du monde de l'au-delà, où les Égyptiens croyaient en effet pouvoir bénéficier d'une nouvelle vie. Mais il fallait remplir certaines conditions, entre autres passer l'épreuve redoutable de la pesée de l'âme. Le défunt était introduit dans une salle où siégeaient Osiris et 42 assistants; il procédait à la « confession négative », c'est-à-dire qu'il affirmait n'avoir pas commis les 42 péchés capitaux. Puis son cœur, siège de sa conscience, était pesé avec l'emblème de la Vérité. Si le plateau de la balance penchait du mauvais côté, on le livrait à un monstre. Sinon, il rejoignait Osiris dans le royaume des « justifiés ». Les Égyptiens, guère plus vertueux que les autres hommes, redoutaient cette épreuve, et prenaient leurs précautions; ils plaçaient dans leurs tombes des papyrus contenant des formules propres à ensorceler la balance. Ainsi, bons ou méchants, ils se croyaient assurés de réussir leur examen de passage dans l'au-delà.

$\frac{1 \mid 2}{3}$ **images**

1 Statue guérisseuse

Djed-her-le-sauveur, un gardien des faucons sacrés, fit faire une statue le représentant accoudé à une stèle; sur cette stèle, une effigie d'Horus vainqueur des animaux dangereux. La statue était couverte de formules magiques destinées à assurer la guérison des piqûres de scorpion, morsures de serpents... Dressée en un lieu public, elle attirait les passants qui versaient de l'eau sur elle. Cette eau, après s'être imprégnée de la vertu des inscriptions magiques, s'écoulait dans le bassin ménagé au pied de la statue; il ne restait plus qu'à la boire.

2 Bès

Cet affreux nabot, difforme et grimaçant, était pourtant un dieu fort sympathique. A son aspect, tous les êtres hostiles s'enfuyaient.

3 Psychostasie (pesée de l'âme)

La scène de la psychostasie appartient au « Livre des Morts », recueil de formules magiques destinées à assurer la survie dans l'au-delà. La défunte est introduite dans la salle du jugement. Anubis, dieu chacal, met en balance son cœur, siège de la conscience (plateau de droite) avec la Vérité, symbolisée par une statuette de femme coiffée d'une plume (plateau de gauche). Thot inscrit le résultat. S'il était défavorable, la défunte serait livrée au monstre à l'arrière train d'hippopotame, à l'avant-train de lion et à la tête de crocodile qui se dresse sous la balance, à gauche.

● Les Égyptiens croyaient que les morts pouvaient intervenir dans l'existence des vivants, soit pour les aider, le plus souvent pour leur nuire, parce qu'ils avaient des « comptes à régler ». Aussi écrivaient-ils des lettres adressées à leurs familiers décédés, pour solliciter leur intervention dans une affaire préoccupante, ou pour les supplier de cesser leurs persécutions.

des morts bien soignés

Une recette éprouvée pendant 3 000 ans

Les anciens Égyptiens passaient pour de bons vivants, et pourtant ils ont consacré à leurs morts plus de soin qu'aucun autre peuple. Paradoxe? Non pas. Simplement, ils croyaient à la possibilité d'une autre vie, à condition que le cadavre ne disparaisse pas en poussière, qu'il soit placé dans un tombeau indestructible, qu'un service d'offrandes soit assuré au défunt.

Des funérailles bien menées réalisaient la première condition. Le cadavre était momifié : on retirait le cerveau et les viscères, celles-ci étaient placées dans quatre vases appelés « vases canopes »; ensuite on remplissait le corps d'aromates et on le laissait séjourner 70 jours dans un bain de natron (mélange de carbonate et de bicarbonate de soude), afin qu'il se dessèche; puis on l'entourait de fines bandelettes enduites de gomme odorante : le corps était devenu momie.

Venait alors la cérémonie de l'enterrement au cours de laquelle la momie, traînée en grande pompe devant l'entrée de la tombe, était dressée et faisait l'objet du rituel de l'ouverture de la bouche; un prêtre touchait les yeux, les oreilles, le nez et la bouche avec une herminette pour que ces organes retrouvent leurs capacités. Enfin, le cercueil contenant la momie et le mobilier funéraire étaient ensevelis dans le caveau de la tombe.

2 Funérailles

Avant d'être déposée dans la tombe figurée à l'extrême droite, la momie du défunt reçoit les derniers soins d'un prêtre portant le masque du dieu Anubis. A ses pieds, l'épouse éplorée. Deux prêtres vêtus d'une peau de léopard consacrent à la momie un monceau d'offrandes; l'un d'eux tient dans la main l'herminette avec laquelle il touchera les sept ouvertures du visage afin qu'elles puissent fonctionner dans l'au-delà. A l'extrême gauche un prêtre lit les formules appropriées.

3 Mastaba

Ce mastaba est situé au pied de la grande pyramide que l'on entrevoit à l'arrière-plan, à gauche. Une terrasse pavée précède le hall soutenu par deux colonnes; de chaque côté, les statues du défunt. Au fond la porte qui donne accès à la chapelle le funéraire.

4 Sarcophage à viscères de Toutankhamon

Réplique miniature des trois grands sarcophages qui contenaient le corps, ce petit sarcophage, et trois autres semblables, contenaient les viscères retirées lors de la momification. Il est en or, incrusté de pierres précieuses et de pâte de verre.

Dans des demeures d'éternité

Cette tombe, deuxième condition, devait être indestructible, « une demeure d'éternité ». D'où ces gigantesques monuments qui étonnent encore, les pyramides. Les pyramides sont les tombeaux des rois de l'Ancien et du Moyen Empire; le mot vient d'un terme grec qui désigne un gâteau de forme... pyramidale! A l'origine, les tombes étaient simplement surmontées d'un tertre en terre, que l'on construisit ensuite en briques; c'est le « mastaba ».

1 Pyramidion

L'entrée de la tombe était souvent surmontée comme sur la photo 2, d'un pyramidion analogue à celui-ci. On notera l'effigie du défunt et de son épouse sculptée dans la face tournée vers le soleil levant.

Vinrent les pyramides...

Puis l'idée vint de superposer plusieurs mastabas de dimensions décroissantes. Adaptée à l'architecture en pierres, cette idée a donné la pyramide à degrés du roi Djoser, vers 2700 avant J.-C., qui comporte six degrés. Puis on pensa à combler les intervalles entre les degrés pour aboutir, après quelques tâtonnements, à la pyramide classique, dont les plus célèbres représentants sont les monuments de Chéops, Chéphren et Mykérinos. La pyramide de Chéops atteignait 147 m en hauteur et couvrait plus de quatre hectares! En pierre pleine, elle était recouverte d'un parement de calcaire fin; l'entrée, située à 16,50 m sur la face nord permettait d'accéder à une galerie descendante, puis montante qui conduisait à la chambre sépulcrale contenant le sarcophage, au centre de la pyramide. Plus jamais on n'en construisit de semblables. Les pyramides des pharaons postérieurs ne supportent la comparaison ni par la taille, ni même par la conception d'ensemble.

Au Nouvel Empire, plus de pyramides. Les rois se font enterrer dans des « hypogées » ou « syringes », c'est-à-dire des tombeaux souterrains creusés dans le gebel. A Thèbes, la Vallée des Rois en comporte soixante-deux, dont la plus célèbre, celle de Toutankhamon, est l'une des plus médiocres.

Pour les particuliers, pas de pyramides, sinon un petit pyramidion surmontant leur chapelle. Ils bâtissent des mastabas, le plus près possible de la tombe du Pharaon qu'ils ont servi, ou font creuser des hypogées.

des morts bien soignés

Des morts bien servis

Les sépultures égyptiennes offrent une particularité essentielle : elles comprennent deux parties. D'une part, le caveau où le sarcophage et la momie sont enfermés et inaccessibles; d'autre part une chapelle funéraire, ouverte aux vivants; dans le cas des pyramides ou des hypogées royales, la chapelle funéraire est représentée par un ou plusieurs temples funéraires, parfois assez éloignés du tombeau proprement dit. Pourquoi cette division? Parce que la troisième condition qu'exige la survie, c'est qu'un service, appelé culte funéraire, soit assuré au défunt. Précisément, le temple ou la chapelle funéraire sont aménagés pour que les prêtres puissent y accomplir les rites et les offrandes de ce service; il s'agit de verser de l'eau, de présenter des victuailles en prononçant des formules magiques propres à les rendre assimilables pour le mort; car ce mort, dans sa nouvelle vie de l'au-delà, a besoin de se nourrir. Parfois, croit-on, il se transforme en oiseau pour voleter dans la chapelle funéraire. Aussi en décore-t-on les parois avec des scènes rappelant son activité et sa vie passées. Le service du mort devant être le plus fréquent possible, les nécropoles égyptiennes, contrairement à nos cimetières, ne furent jamais des lieux quasi-déserts ou fréquentés très épisodiquement; c'étaient des ruches bourdonnantes où se pressaient les familles, les prêtres, les sacrificateurs, les porteurs d'offrandes, sans compter carriers et maçons, toujours affairés à l'édification d'une nouvelle demeure d'éternité.

$\frac{1}{2}$ **images**

1 Pyramide de Chéphren à Giza

Sa hauteur atteignait 143,5 m, ses côtés mesuraient 215,25 m. Elle était donc légèrement plus petite et plus aiguë que celle de Chéops. Au sommet subsiste encore une partie du parement en calcaire fin qui revêtait entièrement. A l'intérieur de la pyramide, dans la chambre funéraire, on découvrit le sarcophage du roi et son couvercle brisé; mais la momie et le matériel funéraire avait été pillés depuis bien longtemps. Au pied de la pyramide, à gauche, les ruines du « temple haut », relié par une chaussée de plus de 500 m au « temple bas », à côté duquel se dresse le célèbre grand Sphinx.

2 Deir-el-Bahari

A gauche, la pyramide du roi Montouhotep Nebhepetrê (XIe dynastie), entourée de deux terrasses étagées constituant le temple funéraire. La chambre funéraire ne se trouvait pas dans la pyramide, mais avait été creusée assez loin sous la falaise. A droite, le temple funéraire de la reine Hatshepsout (XVIIIe dynastie). Cette femme exceptionnelle, qui régna en reléguant dans l'ombre son neveu Thoutmosis III, se fit bâtir un temple constitué de deux terrasses étagées et divisées par une rampe centrale. Au sommet, l'édifice principal, constitué d'une salle hypostyle précédant le sanctuaire qui avait été taillé dans la falaise même.

● Le jeune prince Thoutmosis s'était endormi à l'ombre du grand Sphinx, il eut un songe. Le Sphinx lui adressait la parole, lui prédisant qu'il serait roi, et le suppliant de le dégager du sable qui l'étouffait. Devenu Pharaon, Thoutmosis IV se souvint de son rêve. Il fit désensabler le Sphinx et dresser entre ses pattes une stèle commémorative.

une recherche passionnante

Une grande surprise

La splendeur et la munificence de la civilisation pharaonique avaient été vantées par les Égyptiens eux-mêmes et par les peuples qui les avaient connus. De fait, les fouilles officielles ou clandestines du XIXᵉ siècle avaient déjà mis au jour plus d'un chef-d'œuvre. Mais l'archéologue anglais H. Carter, en découvrant en 1922 la tombe, presque intacte, de Toutankhamon, un Pharaon de piètre envergure pourtant, fit l'une des plus grandes découvertes archéologiques de tous les temps. A vrai dire, un tel amoncellement d'objets inestimables, et pour les matériaux utilisés (or, argent, pierres précieuses...), et pour le travail nécessaire à leur fabrication, laissait pantois les fouilleurs les plus expérimentés; le transport des objets au musée du Caire exigea plusieurs années! Devant tant de joyaux et d'œuvres d'art brusquement sortis du sol après plus de trois mille ans d'oubli, on se pose naturellement cette question : « peut-on espérer d'autres découvertes aussi sensationnelles? ».

Découvrira-t-on d'autres Toutankhamon?

La réponse doit être nuancée. En fait, en 1940, l'archéologue français P. Montet découvrit à Tanis, dans le Nord-Est du delta une nécropole royale inviolée. Malheureusement, la découverte n'eut pas dans l'opinion publique la résonance qu'elle méritait, parce que le monde avait alors d'autres préoccupations. Toutefois, de telles trouvailles demeurent exceptionnelles. Les monuments ont commencé à être pillés dès l'époque pharaonique; les documents d'un procès intenté aux pillards des tombes royales sous la XXᵉ dynastie nous sont parvenus. L'archéologue du XXᵉ siècle arrive rarement le premier sur le terrain, car l'exploitation des antiquités, aussi bien pour approvisionner le commerce d'art que pour récupérer des matériaux de construction ou pour d'autres usages, ne s'est pratiquement jamais interrompue. De plus, beaucoup de sites sont devenus inaccessibles parce que les villes modernes s'étendent sur eux. Il en subsiste encore, heureusement; presque tous déjà retournés et mis à sac depuis longtemps. Dans ces conditions, le fouilleur a peu de chance de découvrir un sarcophage en or massif. Qu'importe! S'il conduit sa fouille avec rigueur et méthode, en distinguant soigneusement les différentes couches qu'il traverse (stratigraphie), les humbles vestiges mis au jour, patiemment classés et interprétés, raconteront l'histoire, magnifique ou modeste, des hommes et des femmes qui vécurent sous les pharaons. Somme toute, l'archéologie est une forme de contact humain à travers le temps. Voilà qui fait son attrait et qui console de ne pas trouver un Toutankhamon à chaque coup de pioche.

$$\frac{1}{\frac{2}{3}}$$ **images**

1 Présence du passé dans l'Égypte moderne

C'est la saison de la canne à sucre. On la coupe et on la charge sur des chameaux. Au bout du champ de canne à sucre, les ruines imposantes d'un temple pharaonique.

2 La tombe de Toutankhamon au moment de son ouverture

De graves troubles marquèrent la fin du règne de Toutankhamon; aussi l'enterra-t-on à la hâte. Le mobilier funéraire fut entassé pêle-mêle, faute de temps. Quand Carter y pénétra, il découvrit un véritable capharnaüm.

3 Un chantier de fouilles

La photographie montre la fouille de P. Montet à Tanis, peu de temps avant qu'il ne découvre la nécropole royale. Les ouvriers creusent avec des pioches, tandis que les femmes transportent les déblais dans des couffins jusqu'au decauville qui les acheminera à l'extérieur du site. On voit quelle masse de terre il faut enlever avant d'arriver aux couches anciennes.

quelques objets symboliques

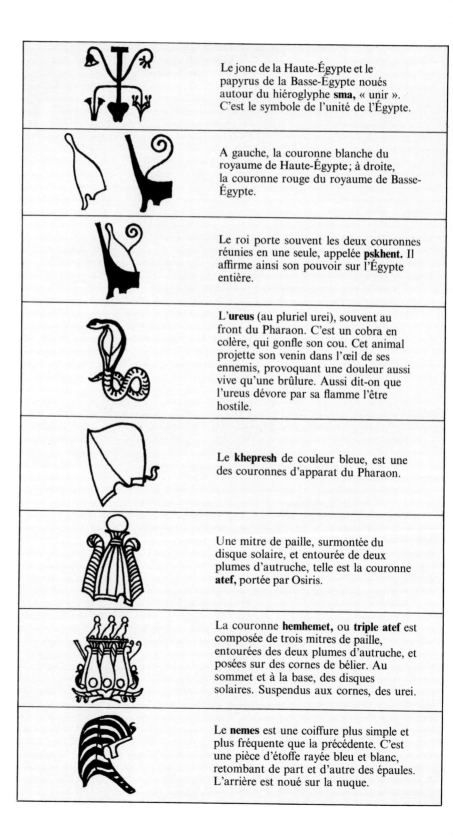

Le jonc de la Haute-Égypte et le papyrus de la Basse-Égypte noués autour du hiéroglyphe **sma**, « unir ». C'est le symbole de l'unité de l'Égypte.

A gauche, la couronne blanche du royaume de Haute-Égypte ; à droite, la couronne rouge du royaume de Basse-Égypte.

Le roi porte souvent les deux couronnes réunies en une seule, appelée **pskhent.** Il affirme ainsi son pouvoir sur l'Égypte entière.

L'**ureus** (au pluriel urei), souvent au front du Pharaon. C'est un cobra en colère, qui gonfle son cou. Cet animal projette son venin dans l'œil de ses ennemis, provoquant une douleur aussi vive qu'une brûlure. Aussi dit-on que l'ureus dévore par sa flamme l'être hostile.

Le **khepresh** de couleur bleue, est une des couronnes d'apparat du Pharaon.

Une mitre de paille, surmontée du disque solaire, et entourée de deux plumes d'autruche, telle est la couronne **atef**, portée par Osiris.

La couronne **hemhemet**, ou **triple atef** est composée de trois mitres de paille, entourées des deux plumes d'autruche, et posées sur des cornes de bélier. Au sommet et à la base, des disques solaires. Suspendus aux cornes, des urei.

Le **nemes** est une coiffure plus simple et plus fréquente que la précédente. C'est une pièce d'étoffe rayée bleu et blanc, retombant de part et d'autre des épaules. L'arrière est noué sur la nuque.

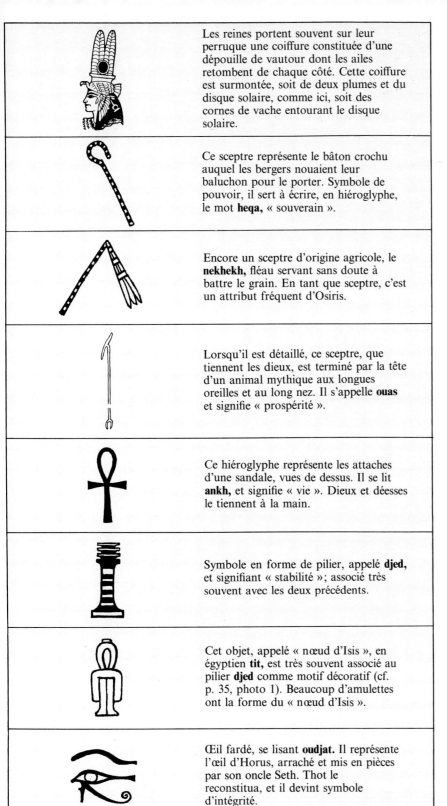

Les reines portent souvent sur leur perruque une coiffure constituée d'une dépouille de vautour dont les ailes retombent de chaque côté. Cette coiffure est surmontée, soit de deux plumes et du disque solaire, comme ici, soit des cornes de vache entourant le disque solaire.

Ce sceptre représente le bâton crochu auquel les bergers nouaient leur baluchon pour le porter. Symbole de pouvoir, il sert à écrire, en hiéroglyphe, le mot **heqa,** « souverain ».

Encore un sceptre d'origine agricole, le **nekhekh,** fléau servant sans doute à battre le grain. En tant que sceptre, c'est un attribut fréquent d'Osiris.

Lorsqu'il est détaillé, ce sceptre, que tiennent les dieux, est terminé par la tête d'un animal mythique aux longues oreilles et au long nez. Il s'appelle **ouas** et signifie « prospérité ».

Ce hiéroglyphe représente les attaches d'une sandale, vues de dessus. Il se lit **ankh,** et signifie « vie ». Dieux et déesses le tiennent à la main.

Symbole en forme de pilier, appelé **djed,** et signifiant « stabilité »; associé très souvent avec les deux précédents.

Cet objet, appelé « nœud d'Isis », en égyptien **tit,** est très souvent associé au pilier **djed** comme motif décoratif (cf. p. 35, photo 1). Beaucoup d'amulettes ont la forme du « nœud d'Isis ».

Œil fardé, se lisant **oudjat.** Il représente l'œil d'Horus, arraché et mis en pièces par son oncle Seth. Thot le reconstitua, et il devint symbole d'intégrité.

Une femme assise, coiffée d'une plume d'autruche, telle est la déesse **maât.** Elle personnifie la Vérité, la Justice, l'Ordre du monde. Le Pharaon en fait offrande aux divinités. On met le cœur du défunt en balance avec une effigie de **maât** dans la scène de la psychostasie (cf. p. 53, photo 3).

choix de livres

● A. Erman et H. Ranke, La civilisation égyptienne, Payot, 1952.

● P. Montet, La vie quotidienne en Égypte au temps des Ramsès, Hachette, 1946.

● G. Posener, Dictionnaire de la civilisation égyptienne, Hazan, deuxième édition, 1974.

● F. Daumas, La civilisation de l'Égypte pharaonique, Arthaud, 1965.

● Ch. Desroche-Noblecourt, Toutankhamon et son temps, Hachette, 1967.

L'auteur remercie vivement Ch. Desroche-Noblecourt, Conservateur en chef du Département des Antiquités égyptiennes au Musée du Louvre, qui, avec son obligeance habituelle, lui a facilité l'accès aux documents. L'auteur exprime aussi sa gratitude à F. Gillmann, Y. Koenig et à la Galerie Ureus (Paris).

index

table des matières

illustrations
yves beaujard

sources et références
photographiques

Imprimé en France par BRODARD GRAPHIQUE – Coulommiers-Paris HA/4012/2.
Dépôt légal nº 5166-6-1982 – Collection nº 86. – Édition nº 03.